LA
CATASTROPHE DE CRITOT

NUIT DU 3 AU 4 OCTOBRE 1870

Par F. S.

> « Ceux qui pieusement sont morts pour la patrie
> Ont droit qu'en leur honneur, la foule vienne et prie.
> Entre les plus beaux noms leur nom est le plus beau. »
>
> V. HUGO, *Chants du Crépuscule*,
> Hymne III.

PRIX : 50 CENTIMES

AU PROFIT DU MONUMENT

ROUEN

IMPRIMERIE NOUVELLE PAUL LEPRÊTRE

75, RUE DE LA VICOMTÉ, 75

—

1890

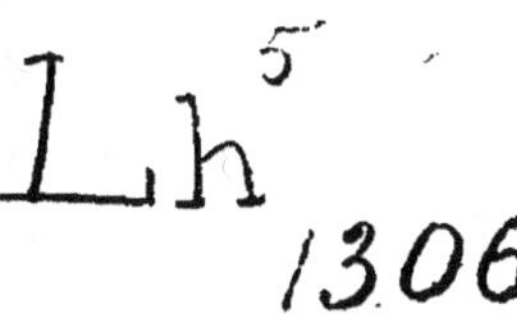

ÉPISODE DE LA GUERRE FRANCO-ALLEMANDE

LA
CATASTROPHE DE CRITOT

NUIT DU 3 AU 4 OCTOBRE 1870

Par F. S.

« Ceux qui pieusement sont morts pour la patrie
Ont droit qu'en leur honneur, la foule vienne et prie.
Entre les plus beaux noms leur nom est le plus beau. »

V. HUGO, *Chants du Crépuscule,*
Hymne III.

PRIX : 50 CENTIMES

AU PROFIT DU MONUMENT

ROUEN

IMPRIMERIE NOUVELLE PAUL LEPRÊTRE

75, RUE DE LA VICOMTÉ, 75

—

1890

LA

CATASTROPHE DE CRITOT

NUIT DU 3 AU 4 OCTOBRE 1870

> « Ceux qui pieusement sont morts pour la patrie
> Ont droit qu'en leur honneur, la foule vienne et prie.
> Entre les plus beaux noms leur nom est le plus beau..»
>
> V. Hugo, *Chants du Crépuscule,*
> Hymne III.

En 1870, après l'anéantissement de toutes nos armées, époque sinistre qui voile de deuil les annales de la France, de nouvelles armées surgirent de toutes parts pour disputer pied à pied le sol de la patrie aux masses profondes des Allemands. Mais peu nombreuses étaient, après Sedan, les unités militaires composées de vieux soldats.

Bien que tant d'héroïques efforts aient été tentés, souvent non sans succès, par nos mobiles et nos mobilisés, toutefois, pour appuyer nos jeunes régiments, quelques troupes d'élite, composées en partie de volontaires, furent formées à la hâte. De ce nombre, la

8me compagnie du 20me bataillon de Chasseurs à pied, dont le dépôt était à Boulogne-sur-Mer, comptait dans ses rangs, à côté de nombreux vétérans de nos guerres d'Afrique, de Crimée et d'Italie, dont plusieurs étaient pères de famille, des jeunes gens qui s'étaient engagés volontairement. Ainsi se trouvaient unis dans le même élan de patriotisme, le courage éprouvé des uns et l'enthousiasme juvénile des autres.

Grâce à cette excellente composition, la 8me compagnie du 20me bataillon pouvait être considérée comme une troupe d'élite, très solide, bien disciplinée, et de nature à soutenir avec éclat, sur les champs de bataille, le vieux renom de bravoure du soldat français.

Ces soldats étaient de taille à conserver intacte la réputation du 20me bataillon de Chasseurs à pied, dont les six premières compagnies s'étaient distinguées dans l'armée du Rhin, notamment le 14 août 1870, à Borny, où le brave commandant La Barrière avait trouvé la mort, puis à Rezonville et à Saint-Privat. (*Chasseurs à pied, historique du 20me bataillon.*)

Aussi le 3 octobre 1870, la population de Boulogne-sur-Mer accompagnait-elle de manifestations enthousiastes le départ de la 8me compagnie pour l'armée de la Loire. Cette compagnie comptait un effectif de 330 hommes, dont trois officiers, un capitaine, un lieutenant et un sous-lieutenant; elle avait reçu l'ordre de gagner Rennes par les voies ferrées, pour de là rejoindre l'armée de la Loire.

Entassés dans les wagons avec tous leurs effets d'équipement et leurs armes, mais joyeux de partir enfin à l'ennemi, les soldats signalent le passage du train dans les gares par des chants patriotiques et par d'éclatantes sonneries de clairon.

Après un arrêt à Amiens, le train prend la ligne

d'Amiens à Motteville, dépasse Montérollier-Buchy, et se dirige sur Clères, devant traverser les gares intermédiaires sans s'y arrêter, lorsqu'aux abords de la station de Critot, le train, lancé à toute vitesse, s'engage dans la voie de garage restée ouverte par une fatalité déplorable.

Poussée par la force incalculable de la vapeur, la locomotive renverse l'obstacle qui termine cette voie sans issue, s'élance en terrain libre, à travers champs, entraînant les wagons après elle, puis d'un dernier bond, échoue et s'enfonce profondément dans le sol. Le choc eut lieu avec la rapidité de la foudre et avec un bruit si épouvantable que l'on a pu le comparer aux détonations de plusieurs pièces d'artillerie. Puis à ce fracas, succéda un silence interrompu seulement par les cris des mourants et des blessés, et par la voix des soldats qui avaient échappé au sinistre. Il était environ minuit lorsque la catastrophe se produisit, et aux horreurs de l'accident venaient encore s'ajouter les profondes ténèbres d'une nuit d'octobre froide et triste. (3-4 octobre.)

Décrire ces moments terribles ne semble possible qu'à ceux qui en ont éprouvé les horreurs. Voici comment s'exprime une des victimes de cet accident : « Tout à coup une épouvantable secousse se produisit ; « en même temps nous nous sentons soulevés de nos « places ; autour de nous les cloisons vacillent et se « rapprochent avec un craquement sinistre, les ban- « quettes se brisent, les vitres, les quinquets volent « en mille pièces, et nous-mêmes, saisis, broyés, « cherchant en vain à repousser loin de nous, en des « torsions désespérées, ces fusils, ces sacs, ces éclats « de bois qui nous étouffent et nous déchirent, nous « sommes emportés dans le tourbillon. Cela ne dura

« qu'un instant, instant affreux, avec des hurlements
« de douleur, des cris de rage, des supplications, des
« blasphèmes ; puis une dernière secousse se fit, et
« tout rentra dans le silence. » (¹)

Plus loin l'auteur ajoute : « Une douleur atroce me
« saisit quand je sentis mes os crier sous la pression.
« Je n'eus plus bientôt le temps de souffrir : le flot
« m'enleva. — Lorsque je me retrouvai, j'étais couché
« en travers de la voie, le corps engagé sous un énorme
« amas de débris : ma tête seule dépassait ; j'étouffais.
« De mon bras gauche, resté libre, j'essayais de me
« soulever pour respirer un peu ; mais mon poignet
« déchiré ne me soutenait plus. Dans le mouvement de
« recul produit par la rupture des chaînes, j'avais été
« traîné sur le sol l'espace de plusieurs mètres : l'effort
« même que je faisais pour me retenir de la main
« n'avait servi qu'à me briser davantage : les nerfs
« étaient à nu. Je retombai la face contre terre, mor-
« dant des lèvres le sable de la voie. » Pendant ce
temps, un de ses camarades, projeté contre le haut du
wagon, pris entre deux ais disjoints, reste là suspendu,
le corps brisé : son sang tiède, à larges gouttes pressées,
découle sur le front de l'auteur du récit que nous
venons de rapporter.

Les wagons pénètrent les uns dans les autres, les
planchers se brisent, les cloisons se rapprochent,
enserrant comme dans un étau les membres et les

(¹) Un Invalide, souvenirs de 1870. — Ce récit, écrit dans un style
remarquable, a paru dans la *Revue des Deux-Mondes* du 15 avril
1872 : l'auteur est M. Fernand de Gévrie, qui, étudiant en droit,
s'était engagé dès le début de la guerre comme volontaire au 20ᵐᵉ
bataillon de Chasseurs. Il fut un des plus gravement atteints dans
cet accident.

corps des victimes. D'autres blessés, lancés sur la voie, se traînent péniblement le long du talus.

Ceux des soldats qui ne sont pas blessés et qui viennent d'être arrachés si brutalement au sommeil, croient à une attaque des Prussiens; ils s'arment à la hâte, chargent leurs fusils et s'apprêtent, sous le commandement de leurs officiers, à vendre chèrement leur vie. Mais bientôt ils se rendent compte de ce qui est arrivé et s'empressent alors de porter les secours les plus dévoués à leurs infortunés camarades.

Le chef de gare de Critot et ses employés n'avaient point été avertis du passage de ce train exceptionnel; ils télégraphient aussitôt à Buchy, à Rouen et à Amiens pour demander des secours, et se rendant en toute hâte sur le lieu de la catastrophe, ils y déploient tout leur zèle.

Pendant ce temps, le maire de Critot, M. Auguste Leroux, accompagné de son adjoint, M. Etienne Papillon, fait battre la générale et sonner le tocsin, signal d'alarme répété dans les communes voisines. A cet appel, les habitants, croyant eux aussi à une attaque des Prussiens, dont l'approche était déjà pressentie, s'arment de fourches et de fusils, et accourent résolus à faire une vigoureuse résistance. Mais aussitôt qu'ils apprennent la triste réalité, tous, hommes et femmes, s'empressent avec les soldats valides à contribuer au sauvetage.

Mais que de misères à secourir à la fois! Que de difficultés à surmonter au milieu de ces épaisses ténèbres! Les feux de la machine renversée percent par moments de lueurs sinistres les ombres intenses de la nuit. A la lumière de quelques lanternes et de quelques torches, parmi les décombres des wagons entassés les uns sur les autres et réduits en mille pièces, on recherche les blessés, dont les cris déchirants dirigent les travailleurs.

Parmi les blessés, les uns gisent inanimés sur la voie, d'autres plus malheureux encore sont ensevelis sous les débris des wagons, écrasés et broyés sous ces énormes monceaux de décombres. Dans le choc formidable qui s'était produit au moment où la locomotive était sortie des rails et s'était enfoncée dans le sol, les wagons s'étaient heurtés et broyés mutuellement : un d'eux avait même été projeté sur la machine. On comprend que, malgré un travail poursuivi sans relâche pendant tout le reste de la nuit, on n'ait pu retirer qu'à grand peine les malheureuses victimes, de sorte qu'à dix heures du matin, le conducteur du train, mort écrasé entre deux wagons, était encore sous les décombres.

Malgré l'horreur de cet accident, on peut encore s'estimer heureux qu'il n'ait pas été plus grave : en effet, la violence même du choc fit rompre les chaînes du cinquième wagon. Cette circonstance fortuite sauva le reste du train qui, au lieu d'être précipité en avant, subit un mouvement de recul.

Les corps étaient portés d'abord dans les champs voisins de la voie ferrée ; c'est là que l'on reconnaissait les morts et les blessés. « La scène était étrange et « lugubre à la fois, dit M. de Gévrie ; cent corps et plus « étaient couchés dans la plaine. On nous avait tous « couverts du petit manteau bleu des chasseurs. Quel- « ques-uns autour de moi avaient les lèvres noires, les « dents serrées, les yeux hagards et grands ouverts : « leurs têtes convulsivement retournées disaient une « horrible souffrance, et de leurs ongles, dans les « dernières crispations de l'agonie, ils fouillaient la « terre gelée. — Un groupe d'ombres, des torches à la

« main, allait de l'un à l'autre : c'étaient nos officiers
« cherchant à reconnaître leurs hommes : ils se
« baissaient pour regarder les visages, et la résine
« dégouttait le long de leurs doigts. La nuit était
« toujours sans étoiles, et le brouillard du matin,
« tombant sur la plaine, enveloppait la flamme des
« torches d'un nuage épais, qui de loin lui prêtait une
« teinte sanglante... »

Dès le début du sauvetage, M. Langlois, médecin au
Bosc-le-Hard, et M. Couturier, médecin à Cailly, étaient
accourus, se multipliant pour donner leurs soins aux
nombreux blessés. Bientôt se joignent à eux : les
docteurs Descamps et Persac, de Buchy, les docteurs
Marquézy, de Neufchâtel, et Letourneur, de l'hôpital
de la même ville.

Au point du jour, le chef de gare de Buchy arrive
avec tout son personnel ; et tous les cantonniers de la
voie, dirigés par MM. Durand et Reygnard, concourent
avec activité au déblaiement.

M. Auguste Leroux, maire de Critot, et son fils, M.
Etienne Papillon, adjoint, et ses fils, M. l'abbé Godard,
curé de la paroisse, et M. Dumège, instituteur, étaient
arrivés parmi les premiers sur le théâtre de la catastrophe et prodiguaient partout et à tous leur dévoûment.

Après un examen sommaire, les blessés, une cen-
taine au moins, étaient mis dans des voitures des environs, garnies de matelas et de paille, et transportés à
petits pas, avec toutes les précautions possibles, dans les
maisons les plus proches. Nous citerons notamment :
la ferme de Mlle Leplu, occupée alors par M. François
Masson qui reçut une certaine quantité de blessés, et
la ferme de la famille de Captot, occupée par M. Albert
Leroux : cette ferme, étant plus importante, put en

recueillir un plus grand nombre, qui d'ailleurs y reçurent, comme partout, les témoignages d'une profonde sympathie. Les médecins purent faire alors des pansements sommaires de nature à permettre le transport des blessés et à soulager, dans la mesure du possible, les plus grandes souffrances. Dès le matin, un train spécial venant de Rouen avait amené M. le docteur Gressent père, le médecin de la Compagnie de l'Ouest, accompagné de l'un de ses confrères et de deux internes de l'Hospice-Général, avec des matelas, des médicaments et tout un matériel d'ambulance. Enfin, il était arrivé un médecin et un aumônier d'ambulance, ainsi que des médecins de Formerie et même d'Amiens.

En présence de cette calamité publique, la population montra un dévoûment au-dessus de tout éloge et un patriotisme plein de désintéressement. On ne peut en donner un témoignage plus frappant, qu'en reproduisant la noble réponse que fit M. Albert Leroux à l'intendant militaire, qui lui proposait une indemnité pour le linge et les divers objets qui avaient servi aux différentes opérations : « *Ce que j'ai fourni*, dit-il, « *je l'ai fait d'un grand cœur ; je ne demande rien,* « *car en tout cela, je n'ai fait que mon devoir.* »

Au fur et à mesure que le bruit de l'accident s'était répandu dans le pays, les habitants des environs étaient accourus, apportant ce qu'ils pensaient être utile, tels que des matelas et du linge. Parmi les habitants de Critot, nous devons citer encore les familles Crevel, Halot, Mazurier et Pavie. Enfin, on remarquait les familles Magnier, Périer et Sanlaville, d'Esteville ; Durieu, d'Yquebœuf ; Rouland, Auvray et Cordier, de Bosc—Bérenger ; Cauchois, du Petit-Rocquemont, et Julien, du Pucheuil. Nous n'indiquons que quelques noms, car il nous est impossible de citer les noms de tous ceux qui se rendirent alors sur le lieu du sinistre, dans la pensée de venir en aide à nos malheureux soldats, et qui leur prodiguèrent leurs soins dévoués.

Combien lugubres étaient les scènes qui se déroulaient dans le village de Critot. Dans les bâtiments de fermes, dans les granges, partout, sur des matelas ou sur de la paille répandue sur le sol, les blessés gisaient sanglants, inanimés ou poussant par instants des plaintes arrachées par la douleur. Au milieu d'eux circulaient les médecins, les soldats valides et les habitants empressés à porter secours à toutes ces souffrances. Puis M. le Curé de Critot et quelques prêtres des environs donnaient aux malheureux blessés et aux mourants les consolations toujours bien accueillies de la religion.

Non moins navrant était le spectacle qu'offrait la gare de Critot, encombrée par les blessés étendus sur quelques matelas, dans l'intérieur des salles d'attente et sur les quais. Mais ce qui frappait tout d'abord, c'était le courage et la résignation stoïque de la plupart de ces hommes. Malgré les souffrances cruelles que beaucoup enduraient, on n'entendait que peu de plaintes. C'est là que l'on voyait de quelle énergie étaient doués ces rudes soldats. Coulmy, l'un d'eux, vétéran de nos guerres de Crimée et d'Italie, la poitrine couverte de médailles, rengagé dans l'espoir d'obtenir l'étoile des braves, indifférent au mal, bien qu'un pied horriblement broyé et réduit en une bouillie sanglante, causait et riait avec ses camarades valides, en fumant la cigarette; il déplorait seulement d'être tombé misérablement dans un vulgaire accident de chemin de fer, au lieu d'avoir été frappé glorieusement sur un champ de bataille par une balle ennemie. Comme on ne lui dissimulait pas qu'il serait obligé de supporter l'amputation de la jambe, il répondait qu'il ferait comme son capitaine, qui avait regardé sans défaillir et en fumant la pipe, le chirurgien qui lui coupait la jambe.

Près de lui, pâle et sans force, venait d'être apporté, sur un brancard, un jeune engagé volontaire qui, plus grièvement blessé encore, avait les deux jambes brisées, un poignet en lambeaux, la tête fendue et des plaies par tout le corps, il paraissait ne plus avoir que le souffle et montrait aussi une courageuse résignation. Ce jeune soldat, M. Fernand de Gévrie, qui ne devait pas succomber de suite à ses terribles blessures, a retracé dans des pages émouvantes, dont nous avons donné quelques extraits, toutes les péripéties de ce drame lamentable, ainsi que ses souffrances physiques et morales. Pour lui aussi, le seul regret était de n'avoir pu se mesurer avec l'ennemi : « Pauvre petit « chasseur, dit-il, toi qui, confiant dans ton ardeur et « tes vingt ans, te promettais de courir si lestement à « l'ennemi ! » Dans tout son récit, animé du plus ardent patriotisme, l'auteur est poursuivi et attristé par la désolante pensée d'un sacrifice qui, bien qu'affreusement cruel, n'a cependant pas profité à la patrie.

Ainsi se trouvaient réunis dans une même infortune les divers éléments de cette compagnie d'élite : le vieux soldat rompu aux souffrances et le jeune volontaire à l'avenir brillant de promesses.

Après une longue attente, un train spécial arriva enfin dans la matinée : soixante-quinze militaires, dont la plupart étaient grièvement blessés, y furent transportés ; on les installa dans des wagons à bestiaux pour qu'ils ne fussent pas gênés par les banquettes, et le train les transféra à Rouen ; mais dans le trajet plusieurs de ces blessés succombèrent. Dans la soirée, un autre train emportait à Rouen le reste des blessés; il y conduisait en même temps les cadavres des morts.

Enfin, arrivés à l'Hospice-Général, les blessés y reçurent les soins éclairés des docteurs Hélot, Hélot fils, Delafosse, Ballay et Gressent.

On ne saurait trop insister également sur les soins empressés qui leur furent prodigués par les sœurs hospitalières, montrant, comme toujours du reste, le dévoûment le plus admirable. Voici comment s'exprime M. de Gévrie: « A vrai dire, je semblais perdu, les « soins qu'on me prodigua m'arrachèrent à une mort « certaine. Bien des personnes, en effet, s'empressaient « autour de moi : la sœur d'abord, la sœur de notre salle, « dont je voyais l'ombre silencieuse glisser à chaque « instant le long des rideaux. Quand je la devinais près « de moi, je me sentais plus tranquille. »

Bientôt aux souffrances physiques vinrent s'ajouter pour ces soldats patriotes les tristesses de l'invasion. L'horreur de l'accident de Critot paraît avoir arraché quelques mots de pitié à nos ennemis eux-mêmes : le surlendemain de l'occupation, comme le médecin allemand inspectait les malades et interrogeait M. de Gévrie, apprenant que celui-ci était une des victimes de l'accident de Critot : « Ah ! oui, fit-il, parlant par « saccades, cherchant ses mots, avec un accent tu- « desque fortement prononcé, oui, nous avons vu cela « en passant; des wagons les uns sur les autres, la « machine brisée. Oh ! malheur ! gros malheur ! »

Parmi toutes les preuves de sympathie qui lui furent témoignées à l'Hospice-Général, M. de Gévrie, que nous nous plaisons à citer, rapporte ce fait touchant : « A mon tour, j'étais devenu l'un des familiers « de la grande allée. Chaque jour, après le dîner, « pourvu que le ciel n'eût pas de menaces, je quittais

« la chambre, chaudement couvert, et venais m'asseoir
« près de la grille..... Les gens du dehors s'arrêtaient
« devant nous, et au travers de la grille nous consi-
« déraient d'un air de pitié. Un jour, une femme d'un
« certain âge, qu'à son extérieur on reconnaissait sans
« peine pour une femme du peuple, s'approcha des
« barreaux. J'étais comme à l'ordinaire étendu dans
« mon grand fauteuil, le corps caché sous les cou-
« vertures. Elle me regarda quelque temps, puis je la
« vis fouiller dans la poche de sa vieille robe d'in-
« dienne décolorée et se détourner un peu.

« *Caporal! caporal!* » fit-elle, et un petit paquet
« tomba à mes pieds ; on le ramassa pour moi, je le
« dépliai : il y avait sept sous dans un morceau de
« papier. — Que vous dirai-je ? je fus ému ; la pauvre
« femme avait sans doute un fils à l'armée, un fils
« blessé peut-être, et, songeant à lui, elle m'avait
« donné sa faible obole, sept sous, tout ce qu'elle avait
« pu. Comment refuser une pareille aumône ? Comment
« repousser cette main qui se tendait vers moi, vou-
« lant soulager mon malheur ? Je ne m'en sentais pas
« le courage. Quand je relevai la tête pour remercier
« la bonne mère, elle avait déjà disparu. »

Si l'on résume les conséquences de l'accident de
Critot, on voit que sur un effectif de 330 hommes, 10
au moins périrent dans cette terrible catastrophe et 106
reçurent des blessures, dont plusieurs furent très
graves ; on comptait notamment 17 blessés avec frac-
tures. Quelques-uns, dont un sous-officier, ne purent
être sauvés malgré les efforts de la science et la solli-
citude des sœurs, mais la plupart se rétablirent.

Aucun des officiers ne fut atteint, grâce à cette
circonstance toute fortuite que le wagon où ils

voyageaient, qui au départ était en tête du train, fut mis à l'arrière par suite d'une manœuvre à la gare d'Amiens. Enfin les soldats des cinq premiers wagons furent seuls éprouvés par l'accident, car, ainsi que nous l'avons déjà dit, tout le reste du train fut épargné grâce à la rupture des chaînes d'attache. Le chef de train fut tué, mais le mécanicien et le chauffeur, précipités de la locomotive, ne reçurent que des contusions sans gravité.

Trois wagons placés à l'arrière du train contenaient de la poudre et des cartouches. On frémit en pensant au désastre qui aurait eu lieu si une explosion s'était produite : heureusement la Providence ne permit pas un pareil surcroît de malheur.

L'accident de Critot paraît être le seul important qui soit survenu sur la ligne du Nord pendant la guerre de 1870-1871. Quelque déplorable qu'ait été cette catastrophe, l'encombrement des chemins de fer et surtout des lignes d'Amiens à Rouen et au Havre, qui après l'investissement de Paris étaient à peu près les seules communications avec la région du Nord, les nombreux trains ramenant les débris de Sedan, la désorganisation des services du chemin de fer résultant de nos désastres, l'approche de l'ennemi, toutes ces causes et beaucoup d'autres encore expliquent un pareil malheur, qui n'a pu être évité malgré le zèle des employés. (¹)

Après cet affreux désastre éprouvé par la 8ᵐᵉ compagnie, avant même d'avoir eu l'occasion de tirer un

---

(¹) Nous ne saurions, en effet, trop insister sur le dévoûment déployé par le personnel de la Compagnie du Nord. Ainsi, lors de l'invasion allemande, M. Lavallée, chef de gare de Critot, put prévenir à temps, grâce à son courage, le 2ᵐᵉ bataillon des mobiles de la Seine-Inférieure (commandant Rollin), qui arrivait en chemin de fer au Bosc-le-Hard, au moment même où les Prussiens venaient coup de fusil, les débris de cette compagnie se rendirent à Rennes. Celle-ci puisa dans le 5ᵐᵉ bataillon de Chasseurs à pied les hommes destinés à réparer ses pertes et fut ensuite incorporée au 3ᵐᵉ bataillon de marche de Chasseurs à pied, faisant partie du 16ᵐᵉ corps, commandé par le général Chanzy.

Dans son ouvrage sur la deuxième armée de la Loire, le général Chanzy (pages 14 et 15) rend hommage à la bravoure du 3ᵐᵉ bataillon qui, nous venons de le dire, renfermait les survivants de l'accident de Critot. Le 7 novembre 1870, la première fois qu'il voit le feu, au combat de Saint-Laurent-des-Bois (ou de Vallière), le 3ᵐᵉ bataillon soutient seul et pendant longtemps les efforts de l'ennemi, et fait preuve de la plus grande solidité; les honneurs de la journée lui reviennent, il est mis à l'ordre du jour du 16ᵐᵉ corps. A Villepion (1ᵉʳ décembre 1870), à Loigny (2 décembre), au Mans, partout où le 16ᵐᵉ corps est engagé contre l'ennemi, le 3ᵐᵉ bataillon se signale. *(Chanzy, la deuxième armée de la Loire,* pages 63 et 72.) M. de Gévrie indique plusieurs de ses camarades qui ont été blessés ou tués, ou qui se sont distingués dans ces diverses actions. « Nous étions cinq, dit-il, en quittant Paris au commen-« cement du mois d'août, alors que l'ennemi envahissait « la frontière; nous nous étions engagés ensemble « pour partager le même sort et affronter les mêmes « périls. Sur ce nombre, deux sont morts, un a été « blessé, un autre fait prisonnier au Mans, comme je

de couper la voie ferrée à 500 mètres de là, entre cette station et celle de Critot. — Rappelons également que les employés de cette ligne, sommés de reprendre leur service pour le compte des Prussiens, s'y refusèrent unanimement. (Le baron Ernouf, Histoire des chemins de fer pendant la guerre Franco-Prussienne [1874], p. 151.)

« l'ai su plus tard, n'est rentré en France que trois
« mois après; et moi, le plus malheureux de tous
« peut-être, je reste maintenant estropié, boiteux,
« invalide à vingt ans, pour tout jamais inutile...! »

Ainsi les survivants de l'accident de Critot montrèrent
une valeur militaire digne d'éloges, et nous donnèrent
la mesure de ce qu'auraient fait leurs malheureux
camarades. En effet, plus obscurs, mais non moins
courageux sont ceux qui sont tombés à Critot, victimes
d'une affreuse destinée. Ils sont morts ignorés et avant
d'avoir pu combattre, mais la pensée qui animait ces
modestes défenseurs du sol natal, ces hardis combat-
tants de luttes presque sans espoir, grandit leur mémoire et nous fait saluer leurs noms.

Depuis vingt ans, le souvenir du sinistre de Critot
est resté présent à la pensée de tous ceux qui en ont
été les témoins. Les jeunes générations elles-mêmes
ont entendu narrer ces moments terribles, où cent
hommes et plus gisaient inanimés ou en proie à d'hor-
ribles souffrances, dans ces champs actuellement si
paisibles, dans ces fermes, dans ces masures où tout
respire la tranquillité.

Mais quelque terrible et funèbre qu'il soit, il faut
perpétuer ce souvenir à travers les âges futurs, il faut
que chacun se rappelle que là sont tombés, loin de leurs
foyers et de leurs familles, loin des champs de bataille
si ardemment désirés, des défenseurs dévoués de la
patrie; il faut solliciter pour ces victimes obscures les
regrets et les prières; il faut enfin que leurs noms,
gravés sur la pierre, signifient pour tous : courage et
patriotisme.

Aussi est-ce sous l'inspiration de ces grandes pensées
qu'un comité, formé de plusieurs des administrateurs

de la commune de Critot, a conçu le projet d'ériger un calvaire à la mémoire des victimes de l'accident du 4 octobre 1870. Ce monument rappellera la dette de prières qui leur est due. En effet, ils sont un peu vos morts, habitants de Critot, et vous tous qui les avez secourus, ces soldats qui, partis pour défendre le sol de la France contre l'envahisseur, sont tombés dans vos champs. Ils sont un peu vos morts, ces malheureux pour lesquels vous avez montré un dévoûment fraternel et que vous avez assistés à leur moment suprême.

Mais ils appartiennent aussi à la France tout entière, ces chasseurs du 20me bataillon qui l'auraient défendue avec non moins de courage que leurs frères d'armes. Donc, que tous les Français qui ont le souvenir du passé et l'espoir en l'avenir, concourent à élever ce monument consacré à ces obscures victimes du patriotisme.

Lorsque la croix élèvera ses bras, étendus comme dans un signe de prière, au milieu de nos champs, vous tous en passant, vous inclinerez la tête, pensant à ceux qui ne sont plus et qui sont tombés dans cette nuit fatale. Enfin, en s'agenouillant au pied de cette croix, le petit enfant apprendra à connaître deux pensées qui grandissent l'âme : le souvenir des morts et le dévoûment à la patrie !

F. S.

ANNEXE

CARTRY, PIERRE-JOSEPH, de Vaulx-Vraucourt (Pas-de-Calais), âgé de 31 ans.

LANGON, JULES-GUSTAVE, de Paris, âgé de 26 ans.

HEUZÉ, JEAN-JACQUES-ALPHONSE, de Saint-Martin-de-Sallen (Calvados), âgé de 21 ans.

COHU, AMBROISE, de Paris, âgé de 26 ans.

VALENCHON, ALFRED-JOSEPH, de Paris, âgé de 26 ans.

AUDIBERT, JOSEPH-MARIUS, du Val (Var), âgé de 31 ans.

MOREAU, JEAN-BAPTISTE, de Sainte-Hermine (Vendée), âgé de 26 ans.

HAUTEMULLE, HENRI-ADRIEN, âgé de 28 ans.

GRELOT, PROSPER-CÉLESTIN, de Neuvy-en-Salliai (Loiret), âgé de 21 ans.

DURAND, ELIE, de Mantes (Seine-et-Oise), âgé de 19 ans.

MORTS DE LEURS BLESSURES A L'HOSPICE-GÉNÉRAL :

VIMONT, PAUL-JOSEPH, de Paris, âgé de 20 ans, sous-officier, fils du préfet de la Marne.

DURAND, Pierre, de Saint-Germain-Sangot (Calvados),
âgé de 26 ans.

LÉPICIER, Jules, de Guigneville (Loiret), âgé de
26 ans.

A cette liste déjà si longue et sans doute incomplète,
on doit ajouter le nom de M. Fernand de GÉVRIE,
actuellement décédé.

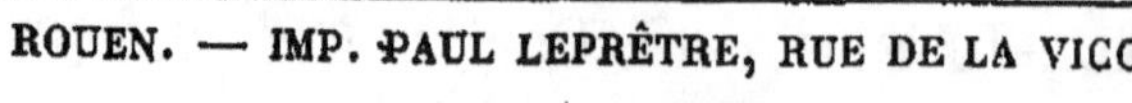

ROUEN. — IMP. PAUL LEPRÊTRE, RUE DE LA VICOMTE, 55.